让孩子着迷的第一堂自然课

森林动物

The Secret Life of Woodland Animals

（英）伯纳德·斯通豪斯（Bernard Stonehouse）著
（英）约翰·弗朗西斯（John Francis）绘
雪棣 译

化学工业出版社

·北京·

The Secret Life of Woodland Animals
Copyright © 2010 Firecrest Publishing Ltd.
The simplified Chinese translation rights arranged through Rightol Media
本书中文简体版权经由锐拓传媒取得Email:copyright@rightol.com

本版本仅限在中国内地（不包括中国台湾地区和香港、澳门特别行政区）销售，不得销往中国以外的其他地区。未经许可，不得以任何方式复制或抄袭本书的任何部分，违者必究。

北京市版权局著作权合同版权登记号01-2016-8349

图书在版编目（CIP）数据

让孩子着迷的第一堂自然课. 森林动物／（英）伯纳德·斯通豪斯（Bernard Stonehouse）著；（英）约翰·弗朗西斯（John Francis）绘；雪棣译. -- 北京：化学工业出版社，2019.2
ISBN 978-7-122-33525-8

Ⅰ. ①让⋯　Ⅱ. ①伯⋯ ②约⋯ ③雪⋯　Ⅲ. ①科学知识－青少年读物②动物－青少年读物　Ⅳ. ① Z228.2 ② Q95-49

中国版本图书馆 CIP 数据核字（2018）第 294575 号

责任编辑：丁尚林　谢 娣　　　装帧设计：水长流文化
责任校对：杜杏然

出版发行：化学工业出版社（北京市东城区青年湖南街 13 号　邮政编码 100011）
印　　装：天津图文方嘉印刷有限公司
787mm×1092mm　1/12　印张 2½　字数 40 千字　2019 年 6 月北京第 1 版第 1 次印刷

购书咨询：010-64518888　　　售后服务：010-64518899
网　　址：http://www.cip.com.cn
凡购买本书，如有缺损质量问题，本社销售中心负责调换。

定　价：22.80 元　　　　　　　　　　　　　　版权所有　违者必究

前 言

"让孩子着迷的第一堂自然课"是一套系列丛书,这套书讲的是生态环境里常见的哺乳动物和鸟类的日常生活。每本书重点介绍一个特定的生态环境,从我们自己家的后花园,到我们散步和开车经过的林地,再到我们休闲玩耍的海滨。野生动物画家约翰·弗朗西斯和环境科学家伯纳德·斯通豪斯博士的成功合作,为我们揭示了大自然的秘密,使得我们能够了解和欣赏这些非常有意思的动物——我们原本还以为自己已经熟知这些动物了呢,却发现实际上对它们相当无知。

在《森林动物》这本书中,你会找到这些问题的答案:猫头鹰是靠视觉、嗅觉还是听觉捕猎的?榛睡鼠整个冬天都在冬眠吗?我们都看见过鼹鼠丘,但是为什么从来见不到鼹鼠呢?这本书还告诉我们森林动物的一些其他秘密:为什么啄木鸟会敲打树木?为什么穴兔长着白色的尾巴?哪种鸟会头朝下睡觉?

目 录

森林简介	5
纵纹腹小鸮（xiāo）	6
欧洲狍	9
夜莺	10
榛睡鼠	13
旋木雀	14
秃鼻乌鸦	17
赤狐	18
小斑啄木鸟	21
鼹（yàn）鼠	22
普通鸸（shī）	25
穴兔	26
长耳鸮	29

森林简介

　　森林是指散布在陆地各处、大小不等的一片片的树林。几百年以前,大陆地上的森林覆盖面积要比现在大得多,例如欧洲寒冷的北方地区生长着云杉、松树、桦树,中部地区有橡树、梣(chén)树和榆树,温暖而干燥的南方则生长着橄榄树、栗子树和其他树种。

　　几个世纪以来,人类的足迹几乎踏遍了地球的每个角落,他们大量砍伐树木,为了开垦出耕地来种庄稼、清理出地方来建立村镇,也为了获取木材来建筑房屋和作为燃料,导致全球林地面积不断减少。

　　现存的林地并不都是当初原生的森林。很多是在过去二到三百年间种植的,种植的目的各异,有的是为了供应木材,有的则是为了给供人打猎用的动物提供栖身之所。不过,不管当初是出于哪种目的种植的,这些林地现在都成了动植物的家园。这本书介绍了十几种森林动物。它们都在树林里过着安静、隐秘的生活。其中一些非常胆小,极少露面;另一些你可能听说过,不过很少见到;还有一些比较常见的。如果你想去寻找它们、发现它们,就需要知道一些它们的秘密。这些秘密就在这本书里。

纵纹腹小鸮（xiāo）

这是一只小小的猫头鹰，站着只有15厘米高。它虽然叫做小鸮，而且确实比大多数猫头鹰的个头要小，但却比世界上最小的猫头鹰——侏儒猫头鹰大不少。纵纹腹小鸮生活在欧洲、亚洲西部和中部以及非洲东北部的广大地区。

它们胖胖圆圆的身体、大大的脑袋非常好认，看上去像是可爱的玩具。在有的国家，它们被捉来训练成宠物。在希腊它们还被赋予神圣的意义，是女神雅典娜的宠物。但是，就像其他猫头鹰一样，它们其实是嘴尖爪利的凶猛捕猎者，除了对自己的配偶和子女以外，一点都不友好。它们住在开阔的林地或森林边缘，那里有足够的空间让它们可以从一棵棵树上掠过，寻找猎物。

1 纵纹腹小鸮经常在白天捕猎，如果想看到它们，你就到一片林地附近，寻找长得圆圆胖胖、翅膀尖尖、棕灰色羽毛上有很多条纹的小鸟。你也许能看到它们在树木之间拍打着翅膀低低地飞行，或者是向上滑翔，寻找栖息的地方。

2 注意看那些停在树桩或柱子上的纵纹腹小鸮。它们双眼圆睁、脑袋微侧，来回扫视着地面。一旦看到或听到下面有什么动静，就静静地滑翔下来，猛地扑上去，用它们锋利、弯曲的爪子抓住猎物。

3 纵纹腹小鸮做窝的时候，喜欢找干枯的空心树，要不就是悬崖或墙壁上的洞。雄鸟和雌鸟之间通过尖锐的叫声相互吸引。雌鸟一次生三到五个圆圆的，白色或奶油色的蛋。在雌鸟孵蛋的四个星期内，雄鸟一直负责站岗放哨，并且给雌鸟送饭。

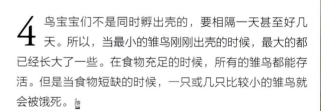

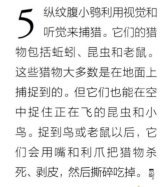

4 鸟宝宝们不是同时孵出壳的，要相隔一天甚至好几天。所以，当最小的雏鸟刚刚出壳的时候，最大的都已经长大了一些。在食物充足的时候，所有的雏鸟都能存活。但是当食物短缺的时候，一只或几只比较小的雏鸟就会被饿死。

5 纵纹腹小鸮利用视觉和听觉来捕猎。它们的猎物包括蚯蚓、昆虫和老鼠。这些猎物大多数是在地面上捕捉到的。但它们也能在空中捉住正在飞的昆虫和小鸟。捉到鸟或老鼠以后，它们会用嘴和利爪把猎物杀死、剥皮，然后撕碎吃掉。

欧洲狍

这些小小的鹿科动物，站着只有75厘米高。它们在欧洲大部分地区很常见。它们结成小群生活在树林里或绿地上，有时两三只，有时更多一些。你很少看到它们，因为它们是很安静和胆小的动物，喜欢躲开人，多在傍晚或清晨出来吃东西。当附近有人或狗时，它们就会悄悄地消失到树丛中去。有时会听到它们像狗一样叫，那是在向其他狍发出危险的警报。只有公狍长犄角。犄角是短而粗的，每年十一月会脱落，然后从十二月到来年五月之间再长出新角。

这对公狍和母狍本来正走在林间小路上，忽然感到了危险，就突然呆住一动不动了。它们就这么静静地站着，观察、倾听、嗅着空气中的味道。附近可能还有两三只狍子，也像它们一样。一会儿工夫，它们忽然一转身就都不见了。你甚至都听不到它们离去的动静。

1 成年母狍比公狍个头小、体重轻。冬天的时候，公狍和母狍的毛皮都变厚了，颜色也变深了，这使它们在树木中间几乎可以隐身。当它们遇到危险而奔跑的时候，尾巴附近成片的白毛露出来，像是一簇亮光一样。这是一种非常有用的信号。其他狍看见了，就不需要停下来去打听危险在哪，它们也转身跟着跑就是了。

2 狍在仲夏季节交配。每只公狍挑选一片空地，用它的犄角在空地周围的树干上留下一圈记号。当母狍准备好交配的时候，它就顺着空地边缘，沿着一个圆圈或"8"字形奔跑，让公狍在后面追。雌雄狍交配几次后，就又回到它们安静的日常生活中。

3 在五月底或六月，母狍会在树丛下找一个隐蔽的干爽的角落，压倒高高的草，做成一个窝，准备生宝宝了。母狍一次生一到三只狍宝宝，通常是两只。狍宝宝身上有斑点，腿细长纤弱，它们几乎一生下来就能站立和行走。头两周它们很危险，受到来自狐狸和其他捕食者的巨大威胁。

4 一开始，狍妈妈给宝宝们喂奶吃。几周后，宝宝们就开始自己吃草了，还啃树或灌木鲜嫩多汁的幼苗嫩芽。很多小狍子都活不过头一个冬天，特别是在缺乏食物又特别寒冷的冬天。到了它们一岁的时候，活下来的狍子差不多都长到成年狍子身高的四分之三了。

5 公狍每年都长出一副新角。每年十二月底，它们额头上的鹿茸骨节开始生长变长（图a），骨节外面包着一层深色的皮，叫做茸皮（图b）。鹿茸一直持续发育生长到四月底或五月，逐渐骨质化，外面的茸皮老化、脱落，露出骨质的犄角（图c）。大约十一月的时候，犄角脱落，但几个星期以后就又开始生长了。一岁和两岁的公狍只有比较小的犄角。

夜莺

夜莺是一种迁徙的食虫鸟类，生活在欧洲和亚洲的森林中。在温暖的春天傍晚，当大多数鸟类已经停止了歌唱，开始进入梦乡的时候，你也许会听到从林地传来一阵阵鸟儿的鸣啭，很像是歌鸫（dōng）或乌鸫的叫声，但更加深沉和复杂，而且在夜空中传得很远。这就是夜莺的声音。它们在白天也会歌唱，但在傍晚最容易听到，因为那时别的鸟儿都安静无声了。

图中这一位歌唱家是一只雄夜莺，最近刚刚从热带非洲过完冬回来，在这片林地里安家落户了。它站在高高的灌木丛上歌唱，告诉过往的雌夜莺它正在寻找伴侣，同时警告别的雄夜莺躲远点。

1 夜莺每年在欧洲生活的时间，只够用来抚育雏鸟的。八月左右，它们往南飞到非洲过冬，来年的四月或五月初回来。经常是回到从前的繁殖区域，站在一年前站过的树枝上唱歌。

2 如果你顺着歌声的方向去寻找，可能会看到一只小小的红棕色鸟儿，胸脯和脖子是白色的。夜莺一般很难被人们见到。因为它们总是胆怯地待在森林最茂密的地方，在草丛里和灌木下面寻找蚯蚓和昆虫来吃。

3 积雪融化、空气和土壤回暖的时候，夜莺就从非洲回来了。雌夜莺在茂密的灌木丛里靠近地面的地方建巢，它会下四五个橄榄绿的蛋，然后用两个星期的时间孵蛋。

4 雌夜莺下蛋以后，雄夜莺不再推销自己，歌唱也就停止了。孵化出宝宝后，夜莺爸爸和妈妈都忙着找食物来喂养飞快成长的宝宝。夜莺宝宝需要三个星期或更多时间来长出第一身羽毛，并且离巢。但还需要再过一到两个星期，它们才能自己飞走。

5 仲夏季节，夜莺的雏鸟开始在森林里到处飞了。它们的个头已经跟自己的父母差不多大小，不同的是，雏鸟的脖子和胸脯上有斑点。它们也同样喜欢在灌木丛中独来独往。夏天快要过去了，夜莺父母和宝宝抓紧时间吃东西，让自己长胖点，为八月份到非洲去的长途飞行做准备。

榛睡鼠

榛睡鼠又叫普通睡鼠，或常见睡鼠，但是没有多少人见到过它们。跟其他的鼠类一样，榛睡鼠个子很小，头和身体加在一起才有7厘米长，尾巴也差不多这么长。它们生活在林地和茂密的树篱中，遍布亚洲西南部和欧洲大部分地区，除了爱尔兰、苏格兰和斯堪的纳维亚北部。

它们被叫做榛睡鼠，是因为人们经常在榛子树丛附近见到它们。榛子是它们最喜欢的食物，也吃山毛榉（jǔ）坚果、栗子、橡子、嫩芽、新苗和浆果。榛睡鼠基本是食草动物，但偶尔也吃昆虫。它们在五月底和六月交配。然后用草和藤做成圆形的窝，在里面生宝宝。榛睡鼠妈妈每次生三到四只宝宝。宝宝大约需要六周时间就可以长到成年鼠的大小。

1. 与小林姬鼠和家鼠相比，榛睡鼠的耳朵比较小而圆，皮毛更显金棕色，眼睛更黑更亮，像小珠子一样。榛睡鼠的尾巴也更短一些，毛茸茸的，非常浓密。

2. 榛睡鼠在灌木丛和低矮的树上做窝。它们白天睡觉，黄昏的时候溜出来找食物。这只榛睡鼠刚刚睡醒，马上就要跳出窝，爬到地面去。

3. 榛睡鼠生活在树林最深最茂密的地方，要观察和研究它们很不容易。科学家们捉住榛睡鼠，做上记号后放了它们，再去捉的时候，总是反复捉到他们做了记号的那些榛睡鼠，由此发现榛睡鼠总是在非常小的范围内觅食，而且在找食过程中总是一次又一次重复走相同的路线。

5. "睡鼠"的意思是"睡着的老鼠"。晚秋的时候，天渐渐变冷，榛睡鼠吃得胖胖的，在地面上、甚至地面下做好了窝，然后蜷缩成一团，陷入持续几个星期的深睡眠。它们偶尔也醒来，可能会吃点东西，到处溜达一下，然后又回去接着睡，直到春天来临。

4. 榛睡鼠爪子的构造很适合在地面上生活和爬树。它们的爪子很瘦长，有长长的手指和足趾，锋利的爪甲和很厚的掌心肉垫，这样的爪子让它们能够抓牢纤细幼嫩的枝条。

旋木雀

像鸭（shī）鸟一样，旋木雀经常在森林里的树干上忙着搜寻昆虫。它们迈着小碎步沿着树干上下左右行走，这个习性跟鸭鸟也相似。不过旋木雀的个头比鸭鸟小一些，嘴倒是更长一些，而且是向下弯的，羽毛是棕色的，而不是灰色的。

欧洲大陆有两种非常相似的旋木雀，一种是长脚趾，另一种是短脚趾。它们在东欧和中欧同时存在，但长脚趾的喜欢生活在山林中，而短脚趾的喜欢生活在低地环境中。西班牙、法国西部和荷兰只有短脚趾旋木雀，英国和斯堪的纳维亚只有长脚趾旋木雀。这两种旋木雀在生活方式和习性上都非常相似。

5 旋木雀在树干里找食的方式非常有条理。它们会从一棵树的底部开始，沿着树干螺旋式地逐渐向上，然后再飞下去，到另一棵树的底部开始新的一次探寻。这种模式虽然不能保证它们得搜索到树干上所有的地方，但可以避免很快回到刚才找过的地方重复寻找。

2 旋木雀那长长的向下弯曲的鸟嘴，就像是一副很精密的钳子或镊子，正好用来在树皮里或者长在树皮上的小植物中寻找微小的昆虫。旋木雀也能成功地在破旧的墙壁或崖壁上觅食。

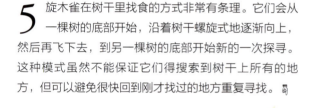

1 如果你正在观察一只站在棕色树干上的旋木雀，突然就找不到它了。它可能并没飞走，那它哪里去了呢？其实它还在那儿，只是突然"僵住"了——就是一动不动，所以完全融入背景中，几乎看不到了。过了几秒钟，等它放松下来，又能看到它了。

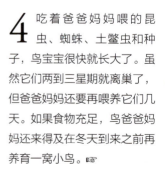

3 旋木雀可以把窝做在很多地方，比如树干上、树皮的缝隙里、藤蔓植物中间等，偶尔也会在建筑物中做窝。旋木雀的雄鸟和雌鸟一起用干草筑巢，铺上柔软的羽毛或绒毛。鸟妈妈一次生下五到六个白底上有细细红点的蛋。大约两个星期后，鸟宝宝就孵化出来了，鸟爸爸妈妈就忙着给五六个宝宝找食吃。

4 吃着爸爸妈妈喂的昆虫、蜘蛛、土鳖虫和种子，鸟宝宝很快就长大了。虽然它们两到三星期就离巢了，但爸爸妈妈还要再喂养它们几天。如果食物充足，鸟爸爸妈妈还来得及在冬天到来之前再养育一窝小鸟。

秃鼻乌鸦

当附近有秃鼻乌鸦的时候，你肯定会知道的。它们是很大的黑色的鸟，腿短、身体敦实，非常喜欢结伴。它们结成一群群的，一起飞翔，一起觅食。有时数十只，有时数百只，不停"呱呱"地叫个没完没了。

它们常年住在同一个地方，成群地在树顶上筑巢，并且在附近觅食。秃鼻乌鸦已经很适应跟人类共存了。它们原本是森林中的鸟，但现在经常在小片林地或被农田包围着的树上筑巢。城镇的公园中也能看到秃鼻乌鸦成群建造的巢。秃鼻乌鸦能靠吃垃圾为生，它们经常在花园、游乐场等场所捡食人们丢弃的食物，还吃兔子等动物的尸体。

2 秃鼻乌鸦在树顶建造成群的巢，叫做"群巢"。早春的时候，秃鼻乌鸦聚集在它们前一年筑巢的地方，在旧巢的基础上，用小树棍进行重建。它们开始筑巢的时候，树上还没有长出叶子，所以我们能够很清楚地观察它们如何做窝、吵闹、求偶，也很容易数出每年有多少鸟巢。

1 秃鼻乌鸦的羽毛是闪亮的黑色，经常带有一些蓝紫色的光泽。它们的嘴是灰色的，这点跟它们的近亲小嘴乌鸦和寒鸦不同。秃鼻乌鸦幼鸟的脸整个是黑色的，成鸟在脖子前边有一块灰色的皮肤。

3 群巢的规模有大有小，从十几个一群，到几千个一群不等。在求偶和筑巢的间隙里，秃鼻乌鸦飞到附近的田野里去找吃的。它们用强有力的嘴从地里翻出昆虫、蠕虫和种子。如果一个地方有一大群秃鼻乌鸦，就意味着这里有充足的食物。

4 到了三月份，秃鼻乌鸦已经把草和叶子铺在鸟窝里，鸟妈妈一次生下四到六个浅绿色或淡蓝色的蛋。鸟妈妈独自孵蛋，要孵大约18天。在这期间，鸟爸爸保护着鸟巢，防备着旁边的秃鼻乌鸦，还给鸟妈妈带食物吃。雏鸟孵出壳以后，鸟爸爸和鸟妈妈一起喂养它们。

5 有时你会看到秃鼻乌鸦蹲在地上，展开翅膀，叼起蚂蚁放在羽毛之间。它们为什么要这么做呢？我们也不知道。但蚂蚁产生的液体，有可能会帮秃鼻乌鸦减少身上的虱子、蜱（pí）等皮肤寄生虫。

赤狐

赤狐看上去就像是一只尾巴毛蓬蓬的红棕色小猎犬。图中最右边是一只公狐狸,它从鼻子到尾巴尖差不多有一米长,夏天的时候重约6.5千克,冬天要轻得多。跟公狐狸在一起的是一只母狐狸,比公狐狸略小一点。这是在初夏的时候,所以它们的状态还不错。这两只狐狸正要离开窝去捕猎。在窝里等着它们的是三只狐狸宝宝,正等着看爸爸妈妈会带回来什么猎物当晚餐。

赤狐是聪明的动物,学东西很快,而且有很好的记忆力。它们的猎物包括蜥蜴、小鸟、老鼠,它们也吃死去的动物,如果能找到的话。去年冬天它们差点饿死了,后来很高兴能从冰冻的土地中挖出一些甲虫、蚯蚓和浆果。

4 这只公狐狸在一片麦田里看见一只山鹑(chún),在它还来不及飞走的时候就一下抓住了它。狐狸自己很饿,但还是把山鹑带回窝去,跟饥饿的狐狸宝宝分享。

3 三只半大的狐狸宝宝正在狐狸窝外面等待着父母。它们一般很淘气,会在一起翻滚、打架、凶猛地咆哮、揪扯彼此的耳朵和尾巴。可它们现在饿了,在静静等待爸爸或妈妈给它们带来更多食物。

1 每只狐狸都有一片它非常熟悉的领地。它会去了解并且记住哪些地方比较可能找到食物。一个月之前,它发现这棵倒下的树上有个鸟巢,里面有四个鸟蛋。现在有没有更多的呀?值得去看看。

2 狐狸知道很多小型哺乳动物都是在夜里出来觅食,所以它们也在夜间出来捕猎。这只狐狸正在用它的敏锐的鼻子一路嗅着一条小径,原来,几分钟之前,一只大老鼠刚从这条小径上跑过。狐狸可以借着月光看清所有需要看的东西。

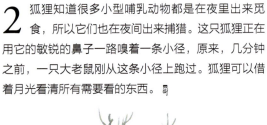

5 这只赤狐在一个长满草的地洞旁边,竖着耳朵坐了半个小时。这个地洞有时会有老鼠出没。耐心的等待有了回报:一只小老鼠从地洞里哧溜哧溜地跑过来。狐狸猛地扑了上去,用前爪去抓。第一次没有抓住,它又再次跳起来扑下去。这回抓住了!老鼠再也跑不掉了。

小斑啄木鸟

跟夜莺一样，在看到小斑啄木鸟之前，你会先听到它的叫声。啄木鸟从老树的树皮里面啄出昆虫的幼虫来吃。它们用嘴使劲儿地敲击树皮，听上去像是急促的锤打声，然后用它们的舌头把幼虫勾出来吃掉。

在林地中，生活着很多种不同的啄木鸟。图中这只啄木鸟叫做"小斑啄木鸟"，以区别于跟它很相似但是大一些的"中斑啄木鸟"和"大斑啄木鸟"。在气候温暖的地区，啄木鸟整年都留在当地，不会迁徙，但在春天时最常见。

如果你听到像木匠敲钉子一样的敲打声，仔细观察一下树干，你可能就会看到一只小斑啄木鸟正在干活。它紧紧地抓住树干，用嘴连续地敲击着树皮。这只小斑啄木鸟是只雄鸟，它头顶的羽毛是鲜红色的，那团鲜红色的羽毛随着它敲啄树干的动作而上下闪动。雌鸟的头顶的羽毛是灰色或黑色的，就不那么容易看到了。

1 啄木鸟围着树干上下左右地跑动，寻找昆虫在树干上蛀木头时钻出来的小孔。找到以后，它们用尖锐的爪子紧紧抓住树干，用嘴开始敲击，把那个小洞弄大，好找出埋藏在下面的昆虫幼虫。它们敲击树干的声音同时也可以警告别的啄木鸟躲开。

2 啄木鸟啄食的时候，爪子牢牢地插进树皮里面，尾巴上的坚硬的羽毛可以帮助它们支撑，从身后起到稳定的作用。这也导致它们尾巴上的羽毛磨损得很厉害。啄木鸟的尾羽和身体上其他地方的羽毛一样，每年都换新的。

3 当啄木鸟敲击树皮，把树上的小洞开大以后，它就把又细又长的舌头伸进去，把昆虫幼虫粘出来。啄木鸟操控舌头的骨头和肌肉向后延伸，从两侧一直绕过头骨。没有任何一种其他鸟的舌头能像这样。

4 啄木鸟一般在枯树的洞里做窝。它们在树上啄开洞，捉完虫子以后，就把树心里比较软的木头掏出来，把洞口弄大，就做成窝了。啄木鸟妈妈在四月底到六月之间产卵，一次产四到六个白色的卵，鸟爸爸和鸟妈妈轮流孵蛋。两个星期后宝宝就孵化出来了，它们在窝里还要再待三个星期，由爸爸妈妈来喂养。

5 仔细观察那些带着食物飞进飞出的鸟爸爸鸟妈妈，就能找到啄木鸟的窝。有时也能听到鸟宝宝在里面叫。它们长大一些后，就会把头伸出洞外面来吃食。碰巧的话，还能看到它们一只接一只地从鸟窝的洞口出来，摇摇晃晃地进行第一次试飞。

鼹（yàn）鼠

有一种林地和田野常见的动物。它们在一定范围的林地和田野中的数量有数百万只。人人都知道它们就生活在那里，但是很少有人看见或听到过它们。为什么呢？因为它们是鼹鼠，一生几乎完全生活在地下。它们是很小的动物，只有100克左右重，长着矮壮的身材和小小的尾巴。鼹鼠的足迹几乎遍布欧洲和亚洲。

鼹鼠总是感到饥饿，一天要吃好几顿。鼹鼠主要吃土壤里的昆虫和幼虫。它们每天为了维持日常活动，要吃掉超过它们自身体重一半的食物。所以，鼹鼠生活的地方，土壤必须很肥沃，而且既不能太湿，也不能太干，还不能太冷，这样食物才能很充足。

1. 鼹鼠长着短而光滑的皮毛、小小的眼睛、香肠形状的身体和有力的前肢，这一切都是为了适应地底下的生活。鼹鼠没有外耳，短短的尾巴拖在身后。嘴里是一排可怕的牙齿，用来咬断和切碎食物。

2. 附近有鼹鼠生活的迹象是：它们挖掘地道。一般在距离地面约25厘米的地方，有时更深一点。它们把挖出来的多余的土推到地面上来，堆成了鼹鼠丘。在林地里，它们主要在林中空地上或小路边挖洞，因为那里树根不太多。

3. 鼹鼠丘的横断面是这样的：有一条地道通到它那里。但它不是巢穴，也不是生活区，只是挖掘地下通道系统的时候产生的一堆多余的土。

4. 鼹鼠用它巨大的、铲子一样的前爪挖土，用比较小的后爪使自己固定在地面上，并且把挖松的土推到后面去。繁殖期间，雌鼹鼠在地下通道网的深处，挖掘出巢室，垫上干草，然后生下三到四只非常小的鼹鼠宝宝。大多数鼹鼠宝宝出生在四月或五月。

5. 鼹鼠在地下挖地道来找寻蠕虫和幼虫，同时利用这些地道安全地到处活动。当它们偶然来到地面上的时候，很容易受到猫头鹰和其他捕食者的攻击。还是地底下更安全。

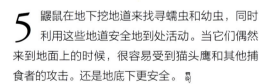

普通䴓（shī）

瞧！那个长着灰蓝色的后背、黑色的过眼纹、在树干上头朝下倒悬着的家伙，那正是普通䴓。普通䴓的身长大约有12厘米，嘴巴长而尖。它们有着十分优雅的羽毛，脖子前面和肚子上是姜黄色，背部是灰蓝色的。

除了生活在寒冷地区的那些普通䴓以外，普通䴓是整年居留在一个地方的留鸟。它们生活在针叶树与桦树、榛树、橡树和其他落叶树生长的混合林中。

2. 普通䴓多半是在以前啄木鸟筑过巢的枯树干里做窝。为了让洞的入口小一点，普通䴓到水坑里或河岸上取来泥，糊在洞口上，泥干了之后，洞口就变成仅能让普通䴓出入的大小了。

1. 普通䴓能发出的叫声的种类惊人的多，从刺耳的哨声，到尖锐的音调。你有时会看到一只普通䴓沿着树干来回上下跑动着在寻找昆虫。大多数在树干上啄食昆虫的鸟类的时候都是侧着或是头朝上觅食，而普通䴓在跑动和捕食时是头朝下的。

5. 冬天森林里食物匮乏。在艰苦的冬季，包括普通䴓在内的很多林地鸟类都到邻近的田野或花园里寻找食物。如果你冬天在外面放一个喂鸟器，或是几袋花生，就会看到普通䴓定期来访。

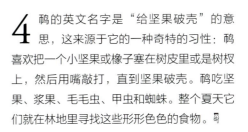

4. 䴓的英文名字是"给坚果破壳"的意思，这来源于它的一种奇特的习性：䴓喜欢把一个小坚果或橡子塞在树皮里或是树杈上，然后用嘴敲打，直到坚果破壳。䴓吃坚果、浆果、毛毛虫、甲虫和蜘蛛。整个夏天它们就在林地里寻找这些形形色色的食物。

3. 䴓用枯叶和树皮的碎片垫窝，然后鸟妈妈生下一窝6到10个白色带暗红色点的小小的蛋。她在窝里孵14天蛋，在这期间，鸟爸爸给她带来食物，并且把其他䴓赶走。鸟宝宝孵出来以后，还要在窝里待上3到4周，由鸟爸爸妈妈喂养。

穴兔

兔子在所有的小型哺乳动物里是最常见的，田野里、公园里、花园里和林地上，到处都有它们的身影。实际上，亚洲和北美也是。穴兔长约40厘米，重约1.8千克，长着一根短粗的尾巴。雄兔一般比雌兔大一些也重一些。兔子们的长耳朵会竖起来捕捉声响，而当它们要躲藏的时候，耳朵就会耷拉下来。兔子的两只大眼睛分得很开，视野范围很广。在开阔的旷野里，它们对周围发生的事情非常敏锐和警觉，很少看到兔子打盹。野兔子身上是杂色带斑纹的灰棕色。宠物兔或家兔有黑色、白色、灰色、纯色或带斑点的。

2　高草让兔子感觉潮湿和不舒服。它们觉得矮草是最理想的。所以为了让草保持比较舒适的高度，它们就一直不停地啃草。在旷野上，穴兔们时刻关注着彼此的同类。一旦有一只兔子感觉到危险并开始逃跑，它那闪动的白尾巴就是一个警告信号，其他的兔子见到后就会立刻找地方躲藏。

1　穴兔最喜欢居住在林地边缘的地方。它们成群地居住在地洞里，这些地洞叫做"兔穴"，里面有时只住五六只兔子，有时能住几千只。穴兔在灌木丛下面和树根之间挖洞，大家共享洞前面的空地。

3　兔子全年都能繁殖。一只母兔子一年可以生三到四窝小兔子，每窝有五到六只。兔妈妈会挖个兔穴，把兔宝宝放在里面，然后每过几小时就回来给它们喂奶。

4　兔子宝宝长得很快，四个月后就可以繁殖了。但是，猫头鹰、猎鹰、狐狸、黄鼠狼和白鼬等很多动物都吃小兔子，这样就限制了它们的数量。

5　看到兔子的粪便，我们可以知道它们就在附近活动。兔子的粪便有两种，一种是软的绿色小球状，另一种是黑色坚硬的，都是一团一堆的。那种绿色小球状的里面还有营养成分，所以兔子会再把它们吃下去，来充分利用食物的营养价值。

长耳鸮

这只猫头鹰比前面讲到的纵纹腹小鸮要大多了。这是长耳鸮，它们能在各种各样的林地上生活，但比较喜欢针叶林，而不喜欢落叶林。跟小鸮不同，长耳鸮白天睡觉，深夜捕猎。夏季，昼长夜短的时候，你也许会很幸运地在晚上看到一只长耳鸮飞过。它要么是自己很饿，要么是有嗷嗷待哺的长耳鸮宝宝要喂养。它们展开羽毛柔软的翅膀，无声无息地从树间飞过，搜寻家鼠和田鼠。

尽管长耳鸮长着超大的眼睛，它们捕猎时更依赖听觉而不是视觉。但是，它那看起来像耳朵的东西，其实不是真的耳朵——那只是一簇簇的羽毛，用来改变它脸的轮廓线，使它不容易被发现。

3 长耳鸮捕猎主要是沿着森林的边缘，或者在林中空地上。因为在这些地方它才能展开它巨大而无声的翅膀俯冲和滑翔。它注视和倾听着小哺乳动物和鸟儿在灌木丛中窸窸窣窣的动静。一旦发现猎物，长耳鸮就猛冲下去，利爪张开，在猎物还来不及看到它时，就把猎物抓到。

1 白天的时候，这只雄长耳鸮栖息在它最喜欢的树上，尽可能地紧靠树干。在林中半明半暗的光线中，它那灰棕色的羽毛，跟树干非常相似。特别是当它闭着眼睛的时候，从远处你很难看到它。

5 尽管长耳鸮巨大的眼睛很适应在暗的光线下看东西，但它们主要依靠听觉捕猎。长耳鸮脸上生长的硬羽毛，组成了面盘，面盘可以把微小的声音传到它的耳朵里去。长耳鸮通过把头转来转去分辨声音的来源，从而可以非常精确地确定猎物的位置并发动攻击。

4 长耳鸮很少筑巢。它们在别的鸟儿不要的旧巢里生蛋，一次生三到八只蛋。长耳鸮妈妈独自孵蛋，大约要孵四个星期。长耳鸮爸爸妈妈共同喂养宝宝。宝宝在孵出来后三到四个星期就可以离巢了。

2 长耳鸮强壮的利爪可以紧紧地抓住树枝。有时两个脚趾在前，两个在后。长耳鸮的重量使得这些利爪收紧，即使在强风中，即使是在熟睡中，长耳鸮也能稳稳地站着。

连连看

本册书中出现过的动物，你都认识了吗？试着根据它们的画像，给它们连上对应的名字吧！

动物画像	动物名称
	赤狐
	鼹鼠
	普通䴓
	长耳鸮
	夜莺
	纵纹腹小鸮
	欧洲狍
	穴兔
	秃鼻乌鸦
	旋木雀
	小斑啄木鸟
	榛睡鼠